イエス
愛するために人となった神

ガエタノ・コンプリ　著

ドン・ボスコ社

もくじ

イエス
愛するために人となった神

紀元前に生まれたイエス

　みなさん、イエスは、いつ生まれたかご存じでしょうか。一般には**西暦元年**と言われていますが、実際は違います。**西暦紀元**というのは、キリスト教が広まってから西暦225年に決まりました。残念ながらそのとき計算した小ディオニジオという歴史学者は間違えました。

　西暦元年にイエスは4〜7歳だったはずです。なぜなら、正確な生年月日は不明ですが、幼子イエスを殺そうとしたヘロデ王が紀元前3年に亡くなったからです。聖書と一般の歴史の情報を合わせれば、イエスの誕生は紀元前7〜4年の間ということになります。

　それなら、**クリスマス**とは何ですか、とお尋ねになるでしょう。クリスマスとは、イエスの誕生日ではなく、**イエスの誕生を祝う日**です。しかし、正確な年月日が不明なので、本質的にはいつ祝ってもよいとされています。

　古代ローマでは12月25日に新年の太陽の誕生を祝っていました。それゆえに、当時のキリスト者はその日に**人生の真の太陽**であるイエスの誕生を祝うことにしました。そこから、クリスマスが全世界に広まり、わたしたちの日本にも伝わりました。

　イエスは、ナザレのイエスと呼ばれて育ちます。イエス・キリストとは呼ばれていませんでした。キリストとは、油注がれた者という意味のヘブライ語でメシア（救い主）を意味します。わたしたちがイエス・キリストと呼ぶのは**イエスは救い主**であることを表すためです。

「三博士の礼拝」フラ・アンジェリコ

イエスは教えただけで何も書かなかった

　イエスは、2千年ほど前にイスラエルの国のベツレヘムで生まれ、ナザレで育ち、西暦27年ごろ（30歳ぐらいだったとき）家と母マリアを後にして、活動を始めました。イスラエルの北、ガリラヤ地方で町と村をめぐって教えを宣べ伝えながら、「心を改めよ。神の国が近づいた」（マルコによる福音書1章15節）と呼びかけ、ガリラヤからエルサレムに至るまで多くの弟子を集め、**福音**と呼んだ自分の教えを人びとの間に広めました。人びとは、権威のある新しい教えだ、と言ってとても感心しました。

　イエスは、自分の教えを宣べ伝える役割を庶民に任せるために、多くの弟子の中から**12使徒**を選びました（マルコによる福音書3章13～19節）。ところが、イエスの活動は長く続きませんでした。たった3年で終止符を打たれたのです。十字架につけられたのは、西暦30年4月7日であったと言われます。

　今、キリスト教が全世界に広まっているのは、イエスのたった3年の働きの結果です。しかも、当時は、多くの書物が書かれていましたが、イエスは自分の教えを広めるために何も書き記しませんでした。彼は、ただ教えを言い伝え、自分の生き方で手本を示しただけでした。その教えを残したのは弟子たちと初代教会でした。弟子たちは、イエスが全世界の救い主であることを信じて、イエスのために、命を捨てるまで、すべてをかけることにしました。

「使徒たちへの教戒」ジェームズ・ティソ

「聖ステファノの宣教」フラ・アンジェリコ

7

イエスの教えを伝えた教会の伝承

イエスの時代にはすでに**律法と預言者**と呼ばれていた『旧約聖書』がありましたが、イエスの生涯とその教えを伝えているのは、その死後に書かれた『新約聖書』です。それは27文書からなって、弟子たちと初代教会が書いたものです。

イエスが、「全世界に行って、福音を宣べ伝えなさい」(マルコによる福音書16章15節)と言われたので、弟子たちは、まず一生懸命イエスの教えを宣べ伝え、福音を広めることに専念しました。

先にユダヤ人、次に異邦人と呼ばれていた異国人の間で宣教しました。そして、わずか30年でその教えはシリア、トルコ、ギリシャ、ローマにまで広がったのです。

12人の使徒は使命感に燃えて、体験したこと、イエスが教えたことを忠実に伝えました。それは、口から口へと伝えられていって、初代教会の中の**伝承**となっていきました。しかし、すぐに記録する必要を感じなかったので、長年の間『新約聖書』はありませんでした。

実際に最初に書かれたのはイエスの生涯を語る**福音書**ではなく、パウロの手紙でした。それを通して、教会の中で伝承が大切にされていたことがよく分かります。信者になったパウロも、受けた伝承を忠実に守るべきだと強調しているからです。したがって、パウロの手紙に続いて書かれた福音書などは、初代教会の伝承をもとにして書かれたものであると言えます。

わたしたちはそのようにして書かれていった新約聖書を通

して、弟子たちが伝えたイエスの教えを忠実に知ることができるのです。

「聖ペトロと聖パウロ」エル・グレコ

イエスを語る新約聖書

　ルカによる福音書の序文によると、一時期、教会の中に『イエスの名言集』、『奇跡集』というような文書が出回っていました。ルカもそれらを参考にしたと言われています(ルカによる福音書1章1~2節)。しかし、新約聖書として認められた『四福音書』、『使徒言行録』、『使徒たちの書簡』と『黙示録』は、それぞれ異なる時代と場所で、現在の並び順とは違う順序で書かれました。したがって、12使徒は、わたしたちが持っている新約聖書をほとんど見ていないでしょう。

　新約聖書のいちばん古い文書であるパウロの手紙は、大部分がイエスの死後20~30年の間、イエスの目撃者の多くがまだ生存していたときに書かれたので、歴史的に一級の資料です。その中にイエスの十字架上の死、またその復活のことが随所で語られています。パウロにとってこれらはいちばん大事な出来事であり、これがなければキリスト教もないのです。

　四福音書が今の形でまとめられたのは、西暦60~100年代の間だと言われています。つまり、西暦100年ごろには、現在の新約聖書の全文書が出来上がっていたのです。わたしたちは、これを読んで、初代教会がイエスについて何を教えていたのか、よく知ることができます。これらの本を教会が聖書として認めたのは、使徒たちの教えに合っているからです。

「聖マタイ福音記者」

「聖マルコ福音記者」

「聖ルカ福音記者」

「聖ヨハネ福音記者」

ジャン・ブルデション

教会外の資料に記されているイエス

　わたしたちが勉強する歴史には、普通は権力者の行ったことしか書いてありません。したがって、当時、辺境のガリラヤで活躍し、十字架上で命を終えたイエスという人物については、歴史に記されることはなかったはずです。しかし、イエスの死後34年たってからキリスト教が話題となりました。そのころ、ローマでネロ皇帝の迫害でペトロとパウロも殉教したため、その教えの創始者イエスが話題になったからです。

　タキトゥスという歴史家は、『ローマ年代記』で迫害に触れてこう書きました。

　「この忌（い）むべき迷信の創始者はユダヤの総督（そうとく）ポンティオ・ピラトのときに処刑された」。

　よほどキリスト教が嫌いだったのでしょうが、一応、イエスについて記しています。同じような記録は、スヴェトニウスの歴史、プリニウスの手紙やエルサレムの陥落（かんらく）後にヨセフス・フラヴィウスが書いた『ユダヤ古代誌』にもあります。

　なお、ユダヤ教の伝承をまとめた『バビロンのタルムード』にも、こう書いてあります。

　「ナザレのイエスは魔術を行い、民を惑（まど）わした罪で過越祭（すぎこしさい）の前日に十字架にかけられた」。

　味方ではないにしても、彼らも歴史の証人になっています。

「ユダヤ古代誌」ヨセフス・フラヴィウス

弟子たちが思い浮かべたイエス

　以上の記録だけなら、イエスの存在は証明されますが、その人格は浮かんできません。わたしたちにイエスを語ってくれるのは弟子たちです。ネロ皇帝の迫害で殉教したペトロは、その苦しい状況の中で信者たちに手紙を書いて、次のような言葉でイエスを語ります。

　「キリストはあなたがたのために苦しみを受け、その足跡に続くようにと、模範（もはん）を残されました。この方は罪を犯したことがなく、その口には偽りがなかった。ののしられてもののしり返さず、苦しめられても人を脅（おど）さず、正しくお裁きになる方にお任せになりました。そして、十字架にかかって、自らその身にわたしたちの罪を担ってくださいました」（ペトロの手紙一2章21〜24節）。

　このとおり、福音書を読んだことのないペトロが、福音書と同じイエスを描いています。

　また、熱心なユダヤ教徒で、初代教会の迫害者だったパウロは、イエスの直弟子から福音を学び、イエスのために命をささげるようになりました。彼は、こう話しています。

　「わたしにとって有利であったことを、キリストのゆえに損失と見なすようになりました。そればかりか、わたしの主イエス・キリストを知ることのあまりのすばらしさに、今では他の一切を損失とみています。それらを塵（ちり）あくたと見なしています。キリストを得、キリストのうちにいる者と認められるためです。……わたしは、キリストとその復活の力を知り、その苦しみにあずかって、その死の姿にあやかりながら、何とか

14

して死者の中からの復活に達したいのです。……なすべき
ことはただ一つ、後ろのものを忘れ、前のものに全身を向け
つつ、……目標を目指してひたすら走ることです」（フィリピの
信徒への手紙3章7〜14節）。

　こう語るパウロも、福音書を読んだことはなかったでしょう。

　次は、第四の福音書の他に三つの手紙を書き、その中に
イエスを証しするヨハネです。次の言葉は、晩年のヨハネの
確信を伝えていると言われています。

　「わたしたちが聞いたもの、目で見たもの、よく見て、手で
触れたものを伝えます。……わたしたちがあなたがたに伝え
るのは、わたしたちとの交わりをもつようになるためです。そ
れは、御父と御子イエス・キリストとの交わりです。わたした
ちがこれらのことを書く
のは、わたしたちの喜
びが満ちあふれるように
なるためです」（ヨハネの
手紙一1章1〜4節）。

　イエスに出会ったヨ
ハネの心は、その忘れ
られない体験で喜びに
満たされました。

「聖ヨハネ福音記者」エル・グレコ

福音書に示されるイエス

このようにわたしたちは、福音書以外の文書を通じてある程度イエスを知ることができますが、ついに口から口へと伝えられていった福音が文字に記されて四つの福音書になりました。

イエスの教えを後の世代に正しく伝えるためには、これは必要だったのでしょう。四福音書が書かれた時と場所、また対象となった人びとは、それぞれ異なる特徴をもっています。

マタイはユダヤ教から改宗した信者のため、マルコとルカは異邦人の信者のため、ヨハネはもっと高い見地からイエスを考えたい人びとのために書きました。マタイはパレスチナ、マルコはローマ、ルカはギリシャ、ヨハネはエフェソで書き、なお、マタイ、マルコ、ルカは、一部同じような資料を参考にしたと言われます。

福音書を通して、わたしたちは初代教会が伝えていたイエスについてのメッセージを知り、そのまま、当時の教えを耳にすることができるようになっています。したがって、福音書は、冷たい歴史ではなく、メッセージを伝える**説教**の部類に入ります。もちろん、伝えられているイエスは架空の存在、神話的な人物ではありません。

弟子たちは、体験した歴史的なイエス、また、自分たちが悟ったイエスを伝えています。彼らはこのイエスに命をかけました。架空の人物なら、命をかける人はいないでしょう。では、イエスを紹介する前に、福音書という記録のいくつかの特徴を紹介しましょう。

「全能者キリスト」チェファル大聖堂のモザイク

福音書にイエスのメッセージを求める

　四福音書がこれほど離れた場所で書かれたのに、内容が一致していることは驚きです。これは、教会の中に伝えられていた**伝承**がしっかりしていたことの証拠です。

　しかし、速記、録音機などがなかった時代に福音書にそのままイエスの言葉があるわけではなく、「イエスがこう言われた」と書いてあっても、同じ話でも違いがあるのは当然です。

　わたしたち司祭も説教をするとき、相手の理解に合わせて内容をまとめ、言葉を選ぶようにします。

　正確な歴史を知りたい現代のわたしたちにとって物足りな

い表現でしょうが、イエスのメッセージを伝えたかった当時の人びとは違う歴史的感覚をもっていたので、彼らには、現代の歴史学と同じ基準の正確な細かい情報を要求してはなりません。彼らにとって大切なのは、イエスの**メッセージ**を伝えることでした。したがって、聖書は、現代で言う**歴史書**ではなく、神と人生を教える**信仰の書**なのです。

　以上のことを念頭に置いて、四福音書から浮かんでくるイエスを紹介しましょう。

「イエスはエルサレムを見て、泣いた」
シモネット・エンリケ

特権階級に属さないイエス

イエスは、ダビデ王家の子孫で、出身地はその王家の出生地であるベツレヘムでした。**馬屋で生まれた**とよく言われますが、ルカによる福音書にはその言葉はなく、「マリアは幼子を飼い葉桶に横たえた」(ルカによる福音書2章7節)と書いてあるだけです。

現代もベツレヘムの貧しい人はロバや羊や牛と同居しています。当時もそうでした。部屋の中に動物たちのえさを入れる桶があり、イエスはその中に置かれたのです。彼は貧しい人びとの仲間として生まれ、一生、その仲間として生活しました。

ベツレヘムで生まれたことを知らない人びとは、彼を**ナザレのイエス**と呼びました。当時、「ナザレからよいものが来るのか」(ヨハネによる福音書1章46節)と、人びとはこの村のことを見下げていました。また、「大工ヨセフの子ではないか」(マタイによる福音書13章55節)と言って、その家柄を軽視していました。当時、地位と階級にこだわり、金と権力を誇示する人びとが多くいました。

しかし、イエスは、決して、そのうちの一人になろうとはしませんでした。彼は地位にはこだわらなかったので、どんな人とも公平に交わりました。ファリサイ派の人、律法学者、議員たちを相手にして共に食事もしたことがありますが、それと同時に、差別されていた女性、サマリア人、徴税人、貧しい人ともつきあっていたのです。

「両親の家（大工の作業場）のキリスト」ジョン・エヴァレット・ミレー

労働を大切にしたイエス

「働かざる者、食うべからず」(テサロニケの信徒への手紙二3章10節)と言ったのは使徒パウロでしたが、イエス自身は、「働く人は、その報いを受ける権利がある」(ルカによる福音書10章7節)と言われました。このような言葉は、長年にわたる彼の労働体験があったことを示しています。

福音書によれば、イエスの最後の3年を除けば、彼はナザレで職人生活を送りました。ヨセフの見習いをへて、その後一人前の職人として働いたはずです。

当時の大工は、鍛冶屋と建具屋を含み、地域住民の生活に深くかかわっていました。イエスの言葉の中に「家を建てるときに岩の上に建てる」(マタイによる福音書7章24〜27節)、「隅の親石になる」(マタイによる福音書21章42節)、「座って予算が足りるかどうかを計算する」(ルカによる福音書14章28節)などの表現があり、これらは、イエス自身の長い職業経験から生まれたものであることが分かります。

当時のローマとギリシャの経済が奴隷の労働に頼っていたことを思えば、イエスの労働観は現代的であったと言えます。たとえの中には、農夫、日雇い、建築家、羊飼いが登場します。また、イエスの弟子のほとんどが漁業で生計を立て、中には嫌がられた職業の徴税人もいます。イエスにとって働くのは当たり前でした。

「わたしの（天の）父も働いておられる」(ヨハネによる福音書5章17節)と言われたほどです。福音を宣べることさえ、他の仕事と同じように報いに値する活動だと言っています。

「晩鐘（お告げの祈り）」ジャン・フランソワ・ミレー

食事を大切にしたイエス

　聖人というと、あたかも祈りと空気だけで生きているかのように見られてしまいます。しかし、イエスはそのような現実離れをした聖人ではなく、わたしたちと同じ人間でした。みなと同じように飲食し、反対者から「大食漢と大酒飲みだ」（マタイによる福音書11章19節、ルカによる福音書7章34節）とののしられたほどでした。おもしろいことに、最初の奇跡は「水を葡萄酒に変える」（ヨハネによる福音書2章1～12節）ということであり、婚礼の披露宴の楽しみを水の泡にしないために行ったものでした。

　何度も町の貴人に食事に招かれたことがあり、食事中すばらしい話をしました。神の国を宴会にたとえることもあり、奇跡でパンと魚を増やした話もあります。

　イエスのいちばん荘厳な行為も食事中でした。それは、最後の晩餐のときでした。自分を記念する式を、パンと葡萄酒を分かち合う形で遺言として残したのです。初代教会は、その式を主の晩餐、パンを裂く式と呼んでいました。復活の日にも、弟子たちと一緒に食事をし、パンと魚と蜂蜜を食べたと書いてあります。二人の弟子とエマオへ向かい、彼らに復活した姿を示したのも食事中でした。宣教中、「忙しくて食べる暇もなかった」（マルコによる福音書3章20節）こともありましたが、祈りの中で、「日ごとのパン（糧）を」（ルカによる福音書11章3節）神に頼むようにと勧めています。

「カナの婚礼」ドゥッチョ・ディ・ブオニンセーニャ

自然が好きだったイエス

当時、ほとんどの移動は、陸路なら徒歩、湖なら船でした。自然との接触が頻繁で、その美しさと威力を体験することがしばしばありました。そのため、イエスの話の中に自然の描写が多く出てきます。

ガリラヤ湖の大凪と急な嵐、魚の群れの動き、風の向き、夕焼けが赤ければ晴天になること、いちじくの芽が大きくなれば春が近いこと、そして、種を蒔けば、まず芽が出、次に麦の穂が実り、収穫のときがくる、と。

また、麦を蒔けばその中に毒麦が生えることもあること、小さなからし種から大きな木が生えること、葡萄の実を多くするために枝を刈り取ること、パン種がねり粉を膨らませることなど、農耕文化の中で自然観察から生まれた知恵と知識がその話の中に豊富に見られます。

そのうえ、イエスは自然の美しさを味わう詩人のような心をもっていました。「ごらん、空の鳥、野の白百合を、蒔きもせず紡ぎもせずに安らかに生きる」(マタイによる福音書6章26節)、「ソロモンでさえ、その栄華において、この百合の一つほど装ったことはない」(マタイによる福音書6章29節)と。

イエスは、余計な心配をせずに自然に従って生きる秘訣を教えています。

「空の鳥や野の百合のことを計らってくださる父」(マタイによる福音書6章25～32節)を信頼する生き方です。

「荒野のキリスト」モレット・ダ・ブレシア

子どもが好きだったイエス

　弟子たちとのかかわりの中、こんな意味深い出来事がありました。

　「人びとが、子どもを祝福してもらおうと、イエスのもとに連れて来ていた。だが、弟子たちはそれを妨げていた。イエスは言われた。『子どもたちをわたしの所に来させなさい。止めてはならない。天の国は彼らのものである』」（マルコによる福音書10章13〜16節）。弟子たちは、イエスの気持ちが分かっていませんでした。彼らは大先生の弟子だという肩書きで傲慢になり、小さい者を見下げていたのです。

　別の日、自分たちの中で誰がいちばん偉いかと争っていたときも、イエスは子どもの手本を示しました。

　「イエスは子どもを呼んで、真ん中に立たせ、彼を抱いて言われた。『あなたたちはこの子どものようにならなければ、天の国には入れない。』」（マタイによる福音書18章2〜5節）と。

　子どもをよみがえらせる奇跡を行い、パンを増やしたときも子どもの協力を得ました（ヨハネによる福音書6章9節）。最後に、エルサレムへ入城した際には、子どもたちが歓迎に加わり、枝を振って、「ダビデの子にホザンナ」（マタイによる福音書21章15〜16節）と叫びました。子どもたちもイエスが好きだったわけです。

「子どもたちを祝福するイエス」ルーカス・クラナッハ（父）

弱い者を大事にしたイエス

　イエスは、子どもたちだけでなく、すべての弱い人びとも温かく迎えました。特に社会から差別され、不潔・罪びとと見なされていた人たちを大事にしました。そのために、自分は正しい人だ、と自負していたファリサイ派と律法学者たちはイエスに対して、「この人は、罪人と徴税人の仲間だ。なぜ一緒に食事をするのか」（マタイによる福音書9章11節）と問いました。それにイエスは答えました。「医者を必要とするのは、健康な人ではなく、病人だ」（マタイによる福音書9章12節）と。

　しかし、ファリサイ派と律法学者たちは、迷った羊を捜し求める牧者の心、罪びとをゆるす神の憐れみを理解できません。放蕩息子を温かく迎えた父親のたとえ（ルカによる福音書15章11〜32節）も、彼らには通じませんでした。

　ある日、ファリサイ派と律法学者たちが姦通の現行犯で捕まった女を連れてきて、この女を石殺しにするかとイエスに尋ねました。イエスは「罪のない人が先に石を投げなさい」と答えると、彼らは次々と去っていきました。そしてイエスは、「わたしも罪に定めない。これからは罪を犯さないように」と言われました（ヨハネによる福音書8章1〜11節）。

　自分の弱さを認めず、優越感やプライドのある人は、他人の弱さもゆるすことはできません。イエスの弟子たちも弱いものでした。ペトロでさえ3回も自分の先生を否みました。しかしそれでも、イエスはペトロたちにゆるしと励ましを与え、全世界に教えを広める役目を彼らに委ねました。自分の弱さを知る人こそ、他人の弱さを理解することができるのです。

「イエスと姦通の女」ピーテル・ブリューゲル

規則より人を大事にしたイエス

　もちろん、わたしたちの生活において規則を守ることは大切です。イエスもそう教えました。しかし、多くの規則は神ではなく、人間が決めました。絶対的だとは言えません。このことに関してイエスの態度は参考になります。すなわち、何よりも人間は大切だ、という態度です。

　当時の律法学者やファリサイ派の人びとは、旧約聖書の600以上の規則を並べていました。食事、仕事、清め、祈り、服装、結婚、男女のやるべきこと、やってはいけないこと、また割礼、葬儀、巡礼、安息日、異邦人との関係などに関する細かい規則がありました。これらを全部忠実に守らなければ、その人は敬虔なユダヤ人とは言えない、と考えていました。

　しかし、イエスは、神は規則よりも人間を愛し、行いの外面より内面が大切だと言いました。規則を優先させていた当時のユダヤ人に向かって、イエスはこう言われました。「安息日は人間のためにあり、人間が安息日のためにあるのではない」（マルコによる福音書2章27節）。

　すなわち、規則は人間のためにある、人間は規則のためにあるのではない、と伝えたのです。最高の規則は、神のみ心を行うことです。必要であれば、規則を乗り越えるのです。

　大切なのは法の精神です。「文字は殺しますが、霊は生かします」（コリントの信徒への手紙二3章6節）とパウロが言うとおり、救いは、律法の外的な尊重ではなく、信仰によるものなのです。

「神殿から両替商を追い出すイエス」カール・ボロック

愛を根本としたイエス

　以上のことから、イエスの教えの根本を理解することができます。

　「聖書の中のどんな掟がいちばん大切ですか」(マタイによる福音書22章36節)と聞かれたとき、イエスは答えました。「第一の掟は、心を尽くし、精神を尽くし、思いを尽くし、力を尽くしてあなたの神なる主を愛せよ。第二は、これと同じように重要である。隣人を自分のように愛せよ。全律法と預言者は、これに基づく」(申命記6章5節、レビ記19章18節)と。**律法全体と預言者**とは、旧約聖書のことです。

　イエスは神への愛と隣人への愛を中心にしました。その中にすべてが含まれるからです。

　わたしたちが神から愛されているから、愛をもって応え、決まっているからではなく、愛されているから自発的に愛するのです。愛は命令されないのです。規則は最低限のことを命じるが、愛は相手の最高の善を目指します。パウロも次のように言っています。「愛は忍耐強く、情け深い。愛はねたまず、自慢せず、高ぶらない。礼を失せず、自分の利を求めず、いらだたず、恨みを抱かない。すべてを忍び、すべてを信じ、すべてを望み、すべてに耐える。愛は決して滅びない」(コリントの信徒への手紙一13章4〜8節)。

　また、愛を悟ったアウグスティヌスも言っています、「愛しなさい。そのうえで、欲することをしなさい」。

「よいサマリア人」レンブラント・ファン・レイン

隣人愛を教えたイエス

　ところが、愛せよと言っても、現実は簡単ではないことを、わたしたちはみな知っています。ですから、その難しさを知っていたイエスは、神への愛に**隣人愛**を合わせました。**人間愛**ではなく隣人愛と言います。遠くにいる人を愛するのは簡単だからです。

　難しいのは、近くにいる人、すなわち、家族、学校、職場、近所の人たち、そして、困っていて、わたしたちの助けを必要とする人たちを愛することです。使徒ヨハネは書いています。「見えない神を愛していると言いながら、見える兄弟を愛さない人は嘘つきです」（ヨハネの手紙一4章20節）。

　特にイエスが強調するのは、相手をゆるすことです。それはいちばん難しいことです。もし、日常生活で人をゆるさなければ、一緒につきあうことは不可能になってしまいます。ゆるすとは、相手が悪かったとき、無償（むしょう）でゆずることです。同じように、愛も、無償で与えることです。親の愛はそうではありませんか。わたしたちも互いにそうしなければなりません。

　神もわたしたちに対してそうしておられます。そのためにイエスはこう祈らせます。「天の父よ、……わたしたちの罪をおゆるしください、わたしたちも人をゆるします」（主の祈り）。そして加えて、「もしあなたたちがゆるさないならば、天の父もおゆるしになりません」（マタイによる福音書6章15節）と言います。

　さらに、「あなたたちが測る同じ秤（はかり）で量られる」（マタイによる福音書7章2節）と、ゆるしの度合いを説明しています。

「使徒たちのもとを去るイエス」ドゥッチョ・ディ・ブオニンセーニャ

天の御父を教えたイエス

　イエスがこれほど愛を強調しておられるのは、誰よりも神の愛を知っていたからです。「神は愛です」(ヨハネの手紙一4章16節)と使徒ヨハネが言ったのは、イエスから習ったからです。

　愛の出発点は神です。神は**無償**ですべてをお造りになりました。また、存在するすべてのものの中に**無償**で**愛する**能力を置いてくださいました。

　イエスは、神が愛してくださっていることを示すために「天の御父」と呼んでいます。「父」のことを、子どもたちが「パパ」と呼ぶと同じように、当時の言葉で「アッバ (天のパパ) 」(マルコによる福音書14章36節)と呼んでいました。

　実際、神はわたしたちにとって身近な存在です。わたしたちは神からすべてをいただいています。すべてのものは神の愛のしるしです。わたしたちは神の愛に包まれて生きています。

　信じることは、自分が神から愛されていることを自覚することです。もし、神の愛を信じるようになれば、わたしたちは隣人を愛することもできるはずです。すべての人は、同じ父の子であり、差別なくみな神から愛されているからです。だから、神への愛と隣人への愛は分けられない(マタイによる福音書22章34〜40節)とイエスは言っています。

　ある日、弟子たちは、祈りを教えてくださるようにとイエスに願いました。イエスは神を**わたしたちの父**と呼んで、次の祈りを教えました(マタイによる福音書6章9〜13節ほか)。

「三位一体の礼拝」アルブレヒト・デューラー

主の折り

天におられるわたしたちの父よ、
み名が聖とされますように。
み国が来ますように。
み心が天に行われるとおり地にも行われますように。
わたしたちの日ごとの糧を今日もお与えください。
わたしたちの罪をおゆるしください。
わたしたちも人をゆるします。
わたしたちを誘惑におちいらせず、
悪からお救いください。
アーメン。

日本のカトリック教会で唱える口語訳
（2000年2月15日　日本カトリック司教協議会認可）

主の祈りの教会外観

主の祈り教会内部　世界各国の言葉で主の祈りが書かれた石板が並ぶ
撮影：©Yurie Endo 2018

神の国を告げたイエス

イエスは、旧約時代の預言者たちの教えとその宣教を受け継ぐ**預言者**でした。預言者たちは、神が人間の歴史の中に働き、世界を支配しておられることを宣言し、最後に、神が勝利を収められる**時**が来ると預言しました。そのとき、救い主として**メシア＝キリスト**が送られ、**神の国**を実現する、と。

さて、イエスの時代、ユダヤ人の中にその**時が近づいた**と信じる人が多くいました。ところが、神の国とメシアについての考え方は一定していませんでした。

紀元前63年から、現在のパレスチナ周辺はローマ帝国の支配下に置かれていました。一部のユダヤ人は、メシアが来

たら、ローマから解放してくれると期待していました。そして、この世には神を中心とする国が実現されると信じていました。あくまでも、イスラエル民族を中心とする神の国とメシアを考える人が多かったのです。現代のイスラエルにも、その考え方をもっている現世の国にこだわる人たちがいます。

　当時、メシアだと自称する人が次々と現れていました。その状況の中でイエスは現れ、「悔い改めよ、神の国が近い」（マルコによる福音書1章15節）と宣教し始めたのです。

　では、そのイエスが宣言された神の国は、何だったのでしょうか。

「神殿で律法学者たちの間に座る少年イエス」
パオロ・ヴェロネーゼ

罪からの解放を告げたイエス

　イエスの告げた神の国とは、来世の天国だと思ってはなりません。イエスは、「神の国はあなたがたの中にある」（ルカによる福音書17章21節）と宣言し、この世から始まると教えていました。

　神のみ心にかなった正しい世の中を実現することから始まり、世の中で発展し、最後に神のもとで**永遠の生命**で完成されます。すべての人はそれに招かれているのです。

　多くのユダヤ人が考えていたように、政治や軍事力によって実現されるのではなく、心を改めることや、毎日神の心にかなった生活を送ることによって実現されるのです。そのため、イエスは権力、財力、学識を頼りとする人びとに呼びかけたのではなく、「心の貧しい人、悲しむ人、柔和な人、義に飢え渇く人、憐れみ深い人、心の清い人、平和のために働く人、義のために迫害される人びと」（マタイによる福音書5章3～10節）に呼びかけたのです。イエスは「これらの人は幸いである。天の国は彼らのものである」と言われました。

　現代で言えば、神の国の幸せを得るのは、学歴、財産、権力を頼りにする人ではなく、「神の国とその義」（マタイによる福音書6章33節）、すなわち、神の心にかなった生き方を求める人たちです。

　そのために一つの方向転換が要求されます。すなわち、傲慢、快楽、権力、財産、自己中心的で、現世のために生きるのではなく、神のみ心を中心とする生き方が要求されるのです。

「山上の説教」カール・ボロック

権力者から誤解されたイエス

　イエスのこのような神の国の宣言は、支配者から危険視されました。権力や宗教を支配する手段として利用する当局者を批判することもあったので、期待されていたメシアのイメージとは一致せず、頼りのないメシアだとも思われ、騒動を引き起こそうとする一部の過激派の人びととも混同されがちだったでしょう。誤解の危険性があったので、イエスは政治に巻き込まれないように気を使っていました。

　たとえば、会衆の前で「メシアだ」(マタイによる福音書16章20節)という表現を避けるようにしていたし、奇跡を行っても、それを言い広めないようにと人びとに命じたりしていました(マタイによる福音書9章30節)。パンを増やしたとき、群衆が「彼を王にするために連れて行こうとしている」(ヨハネによる福音書6章14〜15節)のでそれを押し止め、必要がない限り、刺激を与える言動を最後までとらないようにしました。

　イエスは、自分が来たのは「仕えられるためではなく、仕えるためである」(ルカによる福音書22章24〜27節)と言い、エルサレム入城のときも、「ロバに乗ってくる」(マルコによる福音書11章1〜11節)平和のメシアであると示しました。

　また、旧約聖書のイザヤ書53章に書かれている「苦しむ神の僕」であるメシア、つまり、人びとの罪を償うために命をささげるメシアであると示しました。

　イエスが復活するまで、弟子たちでさえもこのようなメシアを理解することができませんでした。

「イエスのエルサレム入城」ジャン＝レオン・ジェローム

「最後の晩餐」フアン・デ・フアン

人びとのためにいのちをささげたイエス

　イエスは、自分が人びとの救いのために御父から遣わされたことを自覚していました。最後の晩餐でユダから裏切られて敵の手に渡される数時間前、**過越祭**（すぎこしさい）を祝いました。それは、イスラエルの民がエジプトを逃れて神と契約を結んだことを祝う会食でした。

　イエスは自分の使命を示すためにパンを取り、感謝をささげ、弟子に与えて言われました。「これを取って食べなさい。これはあなたがたのために渡されるわたしの体である」。また、同じように杯を取り、感謝の祈りをささげ、弟子たちに与えて言われました。「これを受けて飲みなさい。これはわたしの血の杯。あなたがたと多くの人のために流されて、罪のゆるしとなる、新しい永遠の契約の血である。わたしの記念としてこれを行いなさい」と。この言葉の中に、イエスが十字架上で死を遂げられたことの意味が示されています（マタイによる福音書26章26～30節）。

　彼がすすんで十字架を背負ったのは、御父のみ心を果たし、人びとの罪を償い、以前の人類と神との間の**旧約**に代わる、**新しい契約**を結ぶためでした。

　当時のユダヤ人たちは、自分たちだけが**神の選ばれた民**だと思っていましたが、イエスが言っているのは、新しい契約によって**全世界の人びとが神の民となり**、差別なく、すべての人が**神の子**となれるということです。

「ゴリツィン家の3連祭壇画（中央）」ピエトロ・ペルジーノ

復活したイエス

　しかし、もしイエスが十字架で死んだだけだとすれば、なぜその教えが残ったのでしょうか。

　一般の人から見て十字架は敗北、恥辱であり、人間的に言えばイエスは負けたことになります。弟子たちも姿をくらましていたことを加えれば、歴史的に説明できない謎です。ところが、聖書は次のとおり説明しています。**3日目にイエスは復活しました**、と。

　西暦56年、イエスの死から26年がたってから、パウロは書簡にこう書きました。「わたしが第一にあなたたちに伝えたことは、わたし自身受けたことです。すなわち、聖書に記されているとおり、キリストはわたしたちの罪のために死に、葬られ、聖書に従って3日目によみがえり、ケファ〔編集注：ペトロのこと〕に現れ、また12人に現れ、その後、500人以上の兄弟に同時に出現されました。その中には死んだ者もありますが、ほとんどは今なお生きています。次にヤコブに現れ、それからすべての使徒に、最後には月足らずのようなわたしにも出現されました」(コリントの信徒への手紙－15章3〜8節)。また次の言葉を加えます。「もしキリストが復活しなかったとすれば、あなたがたの信仰は無駄です」と(コリントの信徒への手紙－15章14節)。

　このとおり、初代教会の中にイエスの復活の事実が伝えられていたのです。また、これに基づいてイエスの教えが全世界に伝わり、現代にまで生き残ったのです。

「主の復活」バルトロメ・エステバン・ムリーリョ

奇跡を行ったイエス

パウロの手紙に続いて、教会内の伝承が記された四つの福音書ができました。

60年ごろ、マルコによる福音書の中にイエスが行われた数々の不思議な業が記されました。イエスが病人を癒やしたり、嵐を静めたり、パンを増やしたり、死人を生き返らせたりするなど、普通の人には考えられない数々の業を行ったことが書いてあります。同じことは、他の福音書にも、また、新約聖書の他の文書にも記されています。イエスが不思議な力の持ち主であったことを、初代教会は証ししているのです。

ユダヤ教は「イエスは魔術を行っていたために処刑された」（フラウィウス・ヨセフス『ユダヤ古代誌』）と言ってはいますが、反対者がこのようなことを言ったのは、イエスの不思議な力を認めていた証拠です。初代教会の中で頻繁に語られ、福音書に記された奇跡は40以上あります。その他に、書き切れないほどの治癒がイエスによって行われたと述べられています。

なお、奇跡のことは、特にヨハネの福音書では**しるし**と呼ばれています。それは、好奇心のためではなく**神からのしるし**として行われたのだという意味です。イエスは言いました、「もしわたしの言葉を信じなくても、わたしの行いを信じなさい」と（ヨハネによる福音書14章11節など）。神からのしるしを、イエスを通してその行いで語るのです。その中でも、いちばん語っている神からのしるしは**イエスの復活**です。

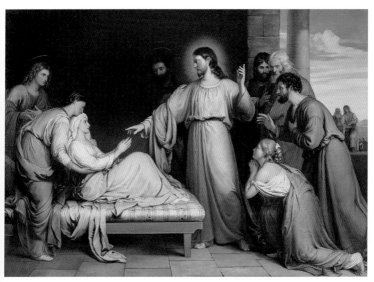

「シモン・ペトロのしゅうとめを癒やすキリスト」ジョン・ブリッジズ

イエスとは、どなた？

　さて、みなさん、ここまで紹介したこのイエスとは、結局、どなたなのでしょうか。イエスを直接に体験した人びと、そして、初代教会は、次のような結論に達しました。

ヨハネ　「神は、その独り子をお与えになったほどに、世を愛された」(ヨハネによる福音書3章16節)

　　　　「わたしたちはその栄光を見た。それは父の独り子としての栄光であって、恵みと真理とに満ちていた」(ヨハネによる福音書1章14節)

ペトロ　「あなたはメシア、生ける神の子です」(マタイによる福音書16章16節)

　　　　「わたしたちが救われるべき名は、天下にこの名のほか、人間には与えられていません」(使徒言行録4章12節)

マルコ　「神の子イエス・キリストの福音の初め」(マルコによる福音書1章1節)

トマス　「わたしの主、わたしの神よ」(ヨハネによる福音書20章28節)

また、イエスご自身はこう言われました。

　「わたしは、道、真理、命である」（ヨハネによる福音書14章6節）

　「わたしは、世の光である。わたしに従う人は暗闇の中を
歩かず、命の光を持つ」（ヨハネによる福音書8章12節）

　「世の終わりまで、わたしはあなたがたと共にいる」（マタイ
による福音書28章20節）

「変容」アレクサンドル・アンドレイェヴィチ・イワノフ

イエスの墳墓は残っている

　当時、家族が引き取らなければ、処刑された犯罪人はゴミ捨て場で焼却されていました。

　イエスを引き取ったのは隠れた弟子、議員だったアリマタヤのヨセフとニコデモでした。彼らは、イエスの遺体を亜麻布に包み、大量の沈香と没薬と共に岩に掘った墓に葬りました。その墓の場所は、エルサレムのキリスト者たちはよく見守り、覚えていたはずです。西暦70年のエルサレムが破壊された後、墓の場所が埋められた上にヴィーナスの神殿が建てられました。

　324年、キリスト教に自由を与えたコンスタンティヌス大帝はその場所を再発掘し、墓とゴルゴタの丘の上に壮大な大聖堂を建て、334年にその落成式が行われました。墓の上に大きな丸天井があり、洞穴が削られ、遺体が置かれた石が見えるようにしました。

　1009年、狂信的なイスラム教徒アル・ハキムはこの大聖堂を完全に破壊しました。現在の聖墳墓教会は、元大聖堂の土台の上に十字軍が建て直したものです（P.64、65参照）。

　2016年、墓の上にある建造物の修復工事と、徹底的な考古学調査が行われました。その結果、遺体が置かれた石や、削られた洞穴の壁の一部が保存されていることが分かり、それに付着しているセメントがコンスタンティヌス時代のものであることも確認されました。したがって、そこはイエスの墓であることを疑う理由はない、と言えます。

「キリストの埋葬」ピーター・パウル・ルーベンス

イエスの遺体を包んだ聖骸布も保存

　イエスの遺体を包んだ亜麻布だといわれる**聖骸布**<ruby>せいがいふ</ruby>はイタリアのトリノに保存されています。それは4.43×1.13メートルの布で、現在、所有者はバチカンですが、その古い歴史は不明です。1532年に火災に遭ったため、現在は、以前になかった2列の模様がその上に目立ちます。その間に見える薄茶色の姿は、間違いなく十字架刑を受けた男の表裏の全身です。手足に打たれた釘の痕、体中無数の鞭打ち痕、脇腹に刺された大きな傷の流血が見えます。すべての面で傷は、福音書が伝えるイエスの受難の物語に一致しているのです。いちばん不思議なのは人物の姿です。それは写真のネガと同じ特徴があることが明らかになりました。

　1898年、初めて白黒写真を写したとき、現像でそれを反転したら、それはきれいな写真に変わりました。カメラがない時代に実物大の写真のネガができたということで、科学的研究も盛んになりました。そして、精密な科学調査の結果、姿は手書きではなく、珍しい立体的な特徴をもっていると判明したのです。

　男の身長は180センチメートル程度、中近東系で、布には聖地の花粉、沈香と没薬の跡が付いていて、血痕は間違いなく人間のAB型の血液だと判定されました。

　わたしたちが見慣れているイエスの姿は聖骸布との共通点が多く、モデルはこれだったと思われます。これらのことから見て、聖骸布の信憑性について疑う理由はないと言えるでしょう。

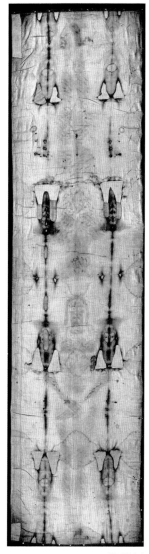

「聖骸布」

ヨハネによる聖骸布の記録

　福音書を書いた4人の中、ただ一人が十字架の下に立ち、またイエスの葬りに立ち会いました。それは使徒ヨハネでした。彼は、復活の後、直証人として墓の中の状態を見てきました。

　その日曜日の朝、墓を訪れたマグダラのマリアはイエスの遺体が見当たらないことに気づいて、ペトロともう一人の弟子ヨハネに知らせました。二人はあわてて、墓へ走ったと書かれています。「もう一人の弟子の方がペトロより速く走って、先に墓に着いた。そして、身をかがめてのぞき込むと、亜麻布が平らになっているのが見えた。しかし、中には入らなかった。後に続いてシモン・ペトロも来て、墓の中に入りよく見ると、亜麻布が平らになっており、イエスの頭の上にあった手拭い（スダリオ）が、亜麻布と一緒に平らにはなっておらず、元の所に丸めたままになっていた。次いで、先に墓に着いたもう一人の弟子も中に入り、見て信じた。二人は、イエスが死者の中から必ず復活するという聖書の言葉を、まだ悟っていなかったのである」と（ヨハネによる福音書20章1〜10節：この訳はフランシスコ会聖書訳による）。

　ヨハネが言いたいのは、布が乱れておらず、遺体が盗まれなかったことを悟ったということでしょう。そのときに「3日目に復活する」というイエスの言葉も理解できたから「見て、信じた」と書きました。つまり、布に包まれていた遺体が消え、しぼんだ布は復活の**無言の証人**となったのです。

　あの布が現在の聖骸布であったとしたら、包み方からして

も、中身が抜けたら、しぼんでしまうことも分かります。つまり、復活したイエスの体は布を通りぬけたことになります。実際、復活されたイエスは、閉まっていた部屋にも入ることができた、と聖書に書いてあります。

ヨハネは、福音書を書いた90年ごろ、60年前のその日の感動をまだよく覚えていました。布のことを書いているのは彼だけです。保存されたとも言いたかったのでしょうが、迫害中なので、その行方について秘密を守らなければならなかったのです。布が話題になったのは、迫害の後でしょう。

したがって、初めの数世紀、聖骸布の歴史が不明であることは、驚くことはありません。当然でしょう。この場合、歴史より、その中身が証拠となります。聖書が述べるイエスの受難そのままです。しかも、聖骸布を見てローマ人の処刑の仕方が分かります。たとえば、手首に釘を打っていたこと。

偽造しようと思っても、なぜ、写真機がないときにネガが作れるのでしょうか。今も作れないのに。なぜ、聖地の花粉が付いている布を手に入れられるのでしょうか。花粉の特徴も分からないのに。

なお、わたしたちが知っているイエスの顔は、聖骸布の顔に似ています。昔の人は、聖骸布をモデルにしてその顔を描いたと思うしかありません。歴史の中に、聖骸布のすべての特徴を同時に持ち合わせている人は、イエス以外はありません。

保存されたイエスの頭の上のスダリオ

　イエスの「頭の上にあったスダリオ」のことは、ヨハネの福音書だけに記されてます。しかし、いつ「頭の上にあった」か。なぜ「元と同じ所に丸められたままだった」と強調するのでしょうか。聖骸布が保存されたならば、当然頭の上にあった**スダリオ（手拭い）**も保存されたはずです。

　現在、**オヴィエドのスダリオ**と呼ばれ、聖骸布と並ぶ84×53センチメートルのこの布は、イタリアから数千キロメートル離れた北スペインのオヴィエドにあります。その上に血痕と黄色っぽい液体の染みが付いていて、それはイエスの肺から出た液体だと思われます。

　イエスが十字架から降ろされ、遺体を墓に運ぶために数名で足と肩を支えながら運んだとき、途中で頭が後ろに垂れ、

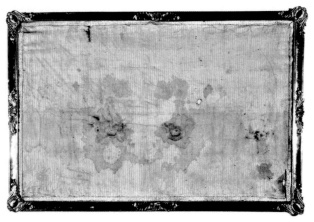

オヴィエドの「スダリオ」

肺から逆流する液体が口と鼻から出て、止めるためにスダリオを二重三重にして顔の上に被せて、口と鼻をふさぎ、下から頭を支えて墓に運んだのでしょう。墓に着いたら要らなくなったスダリオを丸めて別な所に置いて、遺体を聖骸布に包んだのです。そして、イエスが復活した後、墓に来たヨハネは、スダリオが「元と同じ所に丸めたままに残っていた」ことを見ました。

　この布はエルサレムの聖墳墓教会に保存され、614年、ペルシア軍から逃れるためにエジプトへ、そして北アフリカを通ってスペインのカルタジェナ、またセビリア、トレドへ移されました。ついに718年、イスラム軍から逃れるために、北スペインのオヴィエドにたどり着き、現在に至ります。

　最近行われた科学調査により、血液型は聖骸布と同じAB型で、聖地の花粉も確認されています。聖骸布と共に、「イエスの頭の上にあったスダリオ」もイエスの復活の証人であると言えるでしょう。

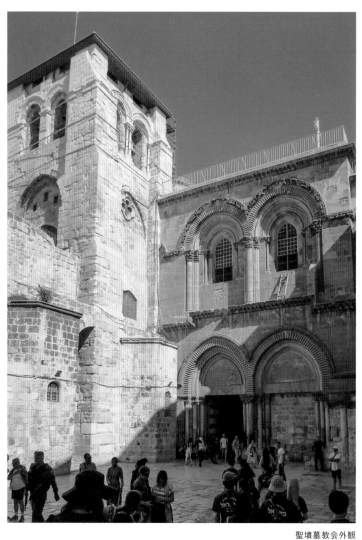

聖墳墓教会外観
撮影：©Chihiro Okawa 2018

聖墳墓教会内部(十字架上で亡くなったイエス・キリストの遺体を納めたとされる墓の入り口)

撮影：©Naho Miyajima 2018

イエス関連と
その教えを伝える文書の年表

BC27〜14年　　アウグストゥス（ローマ皇帝）

BC4年頃　　　 イエス、降誕

14〜37年　　　ティベリウス、ローマ皇帝

26〜36年　　　ポンティオ・ピラト、ユダヤ総督

27〜30年　　　イエスによる福音宣教

30年　　　　　イエス、十字架につけられる

　　　　　　　聖霊降臨と宣教開始

　　　　　　　口頭で福音が伝えられる

　　　　　　　いろいろな資料がまとまる

50年頃　　　　アラマイ語のマタイ福音書

51年　　　　　テサロニケの信徒への手紙一

52年　　　　　テサロニケの信徒への手紙二

55〜56年　　　ガラテヤの信徒への手紙

56〜57年　　　コリントの信徒への手第一・二

57〜58年	ローマの信徒への手紙
59年	フィリピの信徒への手紙
60年頃	マルコによる福音書
61〜63年	コロサイの信徒への手紙、フィレモンへの手紙
	エフェソの信徒への手紙、ヤコブの手紙
64年頃	ペトロの手紙一
65〜67年	テモテへの手紙一・二、テトスへの手紙
70年以前	ヘブライ人への手紙
70年	ローマ軍によるエルサレムと神殿の破壊
70年代	ルカによる福音書と使徒言行録、
	マタイによる福音書
90年代	ヨハネの手紙一・二・三、
	ヨハネによる福音書、
	ヨハネの黙示録、ユダの手紙、ペトロの手紙二

イエスの教えを学びたい方に
明快でわかりやすく こころが明るくなる
コンプリ神父の著書を!

················· 【書籍】 ·················

こころにひかりを──よくわかるカトリック入門　A5判 並製　301頁

若者も大人も楽しく読める、わかりやすいカトリック入門書。
ナポリの青空の下で生まれたDEL VAGLIOのイラストも、お楽しみ!

人生に光を──旧約聖書編I　四六判 並製　327頁

わかりにくいと思われる旧約聖書をこの一冊で楽しく読めます。
天地創造の物語からを、歴史の流れに従いながら解説しています。

知恵の光を──旧約聖書編II　預言者と教訓書　四六判 並製　381頁

今までありそうでなかった旧約聖書の預言書と教訓書の解説で、一般・若者向けのわかり
やすい解説が特徴!　聖書本文の引用と豊富な資料が含まれています。

喜びの光を──四つの福音書　四六判 並製　380頁

世界のベスト・セラーである四つの福音書を味わうための本です。聖書本文を引用しなが
ら、解説を加えています。教会でのカテキズムや学校での宗教・倫理の授業にも!

キリストの光を──使徒言行録、手紙、黙示録　四六判 並製　418頁

使徒言行録、手紙、黙示録その他、この一冊でキリスト教の生い立ちがわかる。
年表や地図、登場人物、同時代の歴史の紹介なども資料を豊富に掲載しています。

はじめて教会へいらしたあなたに ──カトリック教会のごあんない

19.6×11.5cm 中綴じ　31頁

はじめて教会へいらした方向けのわかりやすいカトリック入門のパンフレットです。教会の
基本的な知識と、教会内での態度など、Q&A形式でわかりやすく解説しています。

ミッション・スクールに入ったあなたに　B6判 中綴じ　31頁

ミッション・スクールっていったいなに?　ミッション・スクールとはどんな学校で、どんな
特徴があるのか、ミッション・スクールで学ぶことに興味があるあなたへ!

あなたの疑問は、みんなの疑問──コンプリ神父が答える　四六判 並製　253頁

月刊「カトリック生活」に掲載されたQ&A。あらゆる年齢層のさまざまな疑問に軽快に答
える一冊です!

これこそ聖骸布──コンプリ神父がその真相を語る　B5判 並製　107頁

日本における聖骸布研究の第一人者、ガエタノ・コンプリ神父が、「第5の福音書」と言われ
る聖骸布について、今日まで心血を注いだその研究のすべてを語ります。

人間を考える　A5判並製　454頁

長年、ミッションスクールの教壇に立った著者が送る「人間がどう生きるべきか」を考える一冊。青少年向け、倫理・宗教授業にもおすすめです。

若者を育てるドン・ボスコのことば　四六判並製　237頁

「ともにいる教育」、愛・道理・信仰による「予防教育法」。若者を愛し、教育に生涯を捧げたサレジオ会創立者ドン・ボスコが語る、若者がいきいきと育つ教育法の秘訣。学校・家庭・教会で若者とともに歩むすべての人に。

人間としての哲学──その在り方・生き方を考える　マガジンハウス　184頁

哲学を知ることは、生きやすくなること。文科省が今後力を入れようとしている道徳教育にも沿った内容で、教育関係者、必読の一冊です。

················【DVD】················

カトリック入門　240分

『こころにひかりを』の内容を美しい資料映像を用いて、カトリックの教えをQ&A形式でわかりやすく解説しています。

知っておきたい聖書の常識──旧約聖書編　115分

聖書の読み方がわからず挫折してしまった方や難しいと感じた方におすすめ！　Q&Aと豊富な写真と絵画で、創世記からキリストまでを解説しています。『人生に光を』『知恵の光を』の内容に対応しています。

知っておきたい聖書の常識──新約聖書編　175分

「知っておきたい」シリーズ第2弾。新約聖書を読みすすめる手引きとして最適です。福音書の始まりからイエスの復活までを解説しています。『喜びの光を』の内容に対応しています。

知っておきたい聖書の常識──新約聖書編Ⅱ　使徒言行録、手紙、黙示録　270分

「知っておきたい」シリーズ第3弾。聖霊降臨から弟子たちの宣教までをわかりやすいQ&A形式で解説しています。『キリストの光を』の内容に対応。エピローグには聖書の成立と教会との関係が収録されています。

聖骸布──あなたはどなたですか？　90分

コンプリ神父が90分にわたって、2002年の精密な写真に基づいて、聖骸布についての正確な情報をお伝えいたします。聖骸布の興味深い世界を6章にわたって解説します。

お求め・お問い合わせは……

ドン・ボスコ社　TEL 03-3351-7041　FAX 03-3351-5430
オンラインショップ／www.donboscosha.com

著者 ガエタノ・コンプリ Gaetano Compri

1930年、イタリア・ヴェローナ生まれ。サレジオ修道会司祭。1955年に宣教師として来日。1958年に上智大学大学院神学部修士課程修了。育英工業高等専門学校（現サレジオ高専）の倫理・哲学教授、川崎サレジオ中学校・高等学校（現サレジオ学院）校長、カトリック下井草教会主任、チマッティ資料館館長などを歴任。現在、調布神学院在住。

表紙:
「コインのキリスト」アンソニー・ヴァン・ダイク
「エマオへの道」ヨーゼフ・フォン・フューリッヒ、「エルサレム入城」ヤン・ルイケン

イエス
愛するために人となった神

1990年 7 月15日　初版発行
2020年10月 1 日　新装改訂版第1刷

著　者　ガエタノ・コンプリ
発行者　関谷義樹
発行所　ドン・ボスコ社
　　　　〒160-0004　東京都新宿区四谷1-9-7
　　　　TEL 03-3351-7041　FAX 03-3351-5430
印刷所　三美印刷株式会社

ISBN978-4-88626-663-7 C0216
（乱丁・落丁はお取替えいたします）

イエス　イエス　私のところへ来て下さい

一

イエス　イエス　私のところに来て下さい

何とあなたをあこがれることか

私の魂の最高の喜び

いつ死の門を通って

あなたと一緒になれるでしょう

二

世の中に心をみたす喜びはない

心を満足させる喜びはない

心を平和にする喜びはキリスト以外にない

キリストだけが人間の心をみたす

イエス　イエス　私の心に入って下さい

そうすれば一番平和になる

ヘルマン・ホイヴェルス師の晩年唱えた祈り